BEI GRIN MACHT SICH IHR
WISSEN BEZAHLT

- Wir veröffentlichen Ihre Hausarbeit,
  Bachelor- und Masterarbeit

- Ihr eigenes eBook und Buch -
  weltweit in allen wichtigen Shops

- Verdienen Sie an jedem Verkauf

Jetzt bei www.GRIN.com hochladen
und kostenlos publizieren

Kraftsport zur Linderung von Rückenbeschwerden. Ein Trainingsplan

GRIN

Bibliografische Information der Deutschen Nationalbibliothek:

Die Deutsche Nationalbibliothek verzeichnet diese Publikation in der Deutschen Nationalbibliografie; detaillierte bibliografische Daten sind im Internet über http://dnb.d-nb.de abrufbar.

ISBN: 9783346541994
Dieses Buch ist auch als E-Book erhältlich.

© GRIN Publishing GmbH
Nymphenburger Straße 86
80636 München

Alle Rechte vorbehalten

Druck und Bindung: Books on Demand GmbH, Norderstedt Germany
Gedruckt auf säurefreiem Papier aus verantwortungsvollen Quellen

Das vorliegende Werk wurde sorgfältig erarbeitet. Dennoch übernehmen Autoren und Verlag für die Richtigkeit von Angaben, Hinweisen, Links und Ratschlägen sowie eventuelle Druckfehler keine Haftung.

Das Buch bei GRIN: https://www.grin.com/document/1151617

Einsendeaufgabe

Fachmodul:	Trainingslehre 1
Studiengang:	Bachelor of Arts Sportökonomie
Datum Präsenzphase:	07.12.2020 – 10.12.2020
Semester:	SS 2020

Inhaltsverzeichnis

1 Diagnose

1.1 Allgemeine und biometrische Daten

Tabelle 1: Allgemeine und biometrische Daten

Allgemeine und biometrischen Daten des Trainierenden	
Alter	22 Jahre
Geschlecht	männlich
Körpergröße	178cm
Körpergewicht	79kg
BMI	24,9 (Normwert: 19 – 25)
Körperfettanteil	12,3% (Normwert: 8,0% - 19,9%)
Trainingsmotive	1.Muskelaufbau 2.Kraftsteigerung 3.Körperfettreduktion
Berufliche Tätigkeit	Duales Studium Bodystreet (Personal Trainer)
Frühere sportliche Aktivitäten	Basketball (über 6 Jahre, Oberliga), kurzzeitig Squash, Fußball im Breitensport
Aktuelle sportliche Aktivitäten	5x/Woche konventionelles Krafttraining (Muskelaufbau/Maximalkraft) seit 2017 1x/Woche EMS Training seit Dezember 2019 1-2x/Woche joggen seit Frühling 2020
Zeitlicher Verfügungsrahmen	7x/Woche für ca. 1 Stunde
Blutdruck	140/83 (Normwert: 120/80 – 139/89)
Ruhepuls	46 Schläge/Min (Normwert: 60 – 80 Schläge/Min)
Allgemeiner Gesundheitszustand /Einschränkungen	Körperlich fit Leichte Einschränkungen im linken Sprunggelenk durch mehrere Bänderrisse

Aufgrund der körperlichen Fitness, dem jungen Alter und der kaum vorhandenen gesundheitlichen Einschränkungen, lässt sich sagen, dass die trainierende Person stark belastbar ist und intensiv trainiert werden kann. Auch die vorherrschende Erfahrung im Krafttraining spielt hier eine entscheidende Rolle.

1.2 Krafttestung

Tabelle 2: Krafttest

Methode: 8RM Test			
	1. Testdurchgang	2. Testdurchgang	3. Testdurchgang
Langhantel-Bankdrücken	85kg	87,5kg	90kg
Kurzhantel-Schrägbankdrücken	28kg	30kg	
Crossover	30kg	35kg	
Kurzhantel-Schulterdrücken	26kg	28kg	
Seitheben am Kabelzug	15kg	17,5kg	20kg
Frontheben am Kabelzug	12,5kg	15kg	
Trizepsdrücken am Kabelzug	50kg	55kg	60kg
Kurzhantel-Kickbacks	14kg	16kg	
Klimmzüge mit Zusatzgewicht	79kg + 15kg	79kg + 20kg	
Latzug zur Brust	70kg	75kg	80kg
Kurzhantel-Rudern	32kg	34kg	
Kurzhantel-Seitheben vorgebeugt	10kg	12kg	
Scottcurls	35kg	37,5kg	
Kurzhantel-Suspinationscurls	12kg	14kg	16kg
Rumpfflexionsmaschine (sitzend)	35kg	40kg	45kg
Lateralflexionsmaschine	25kg	30kg	
Langhantel-Kniebeuge	79kg + 100kg	79kg + 105kg	79kg + 110kg
Kreuzheben mit gestreckten Beinen	95kg	100kg	
Kurzhantel-Ausfallschritt	79kg + 28kg	79kg + 30kg	
Beinpresse liegend	200kg	210kg	220kg
Hüftabduktionsmaschine	55kg	60kg	
Hüftadduktionsmaschine	40kg	45kg	50kg
Wadenmaschine sitzend	100kg	110kg	

Für den Krafttest wurde die XRM Methode mit einer Wiederholungszahl von 8 Wiederholungen pro Übung gewählt, um einen guten Aufschluss über die Belastung des Sportlers für ein Training im Hypertrophie Bereich zu geben. Dazu wurden die einzelnen Übungen, nach einer generellen Aufwärmphase und einer kleinen Aufwärmphase für den spezifischen Muskel, so ausgeführt, dass der Trainierende eine maximale Anzahl von acht Wiederholungen mit sauberer Technik und dem angestrebten Gewicht ausführen kann.

Das Maximalgewicht sollte nach spätestens drei Testdurchgängen ermittelt worden sein, da sonst eine zu hohe Erschöpfung der beanspruchten Muskulatur zu verfälschten Ergebnissen führen kann. Auch zwischen den Testdurchgängen sollte ausreichend Pause von mindesten zwei bis drei Minuten eingelegt werden, um eine Regeneration der Muskeln zu ermöglichen. Das Gewicht sollte dabei erstmal, etwas zu niedrig angesetzt werden und dann langsam gesteigert werden. Trotzdem ist es das Ziel, das Maximalgewicht in so wenig Testdurchgängen wie möglich zu ermitteln.

Die Methode der XRM Testung wurde hier angewendet, um bei dem später angewendeten Mesozyklus einen genauen Aufschluss über die Maximalkraft für die spezifische Wiederholungszahl zu geben. Somit sind auch die Übungen identisch zu dem exemplarisch dargestellten Mesozyklus (vgl. Trainingsplanung Mesozyklus). Dieser Krafttest wird vor jedem Mesozyklus mit der aktualisierten Wiederholungszahl erneut durchgeführt, um erneut Aufschluss über die Maximalkraft in der, im neuen Mesozyklus geforderten, Wiederholungszahl zu geben. Auch ein grober Vergleich über eine Kraftsteigerung innerhalb des durchgeführten Mesozyklus kann dadurch erfolgen, allerdings ist die Vergleichbarkeit durch die veränderte Wiederholungszahl eher schwierig.

Aus den Ergebnissen lassen sich nun genaue Prognosen für das angestrebte Gewicht in den einzelnen Wochen des vorausgehenden Mesozykluses ableiten. Dies erfolgt anhand der „Individuellen-Leistungsbild-Methode" (ILB-Methode). Dabei lassen sich aufgrund der Parameter des Alters des Trainierenden und der Erfahrungsstufe Prozentwerte der Maximalkraft für die einzelnen Übungen in den einzelnen Wochen des Mesozyklus ableiten (vgl. Trainingsplanung Mesozyklus).

2 Zielsetzung/Prognose

Tabelle 3: Trainingsziele

Trainingsziele		
Inhalt	Ausmaß	Zeit
Kraftsteigerung	Um 5%	6 Wochen
Körperfettreduktion	Auf 10%	3 Monate
Blutdruck verringern	Unter 140 diastolisch	3 Monate

Die Ziele des Sportlers sind in diesem Fall größtenteils von den subjektiven Trainings-motiven des Trainierenden abgeleitet.

Lediglich beim Blutdruck besteht eine gesundheitliche Empfehlung diesen zu verringern, da der diastolische Blutdruck sich schon außerhalb des Normbereichs befindet. Bei der Kraft wurde eine Steigerung von 5% angesetzt in einem Zeitraum von 6 Wochen. Terminiert wurde dieses Ziel also für den nächsten Krafttest, der vor dem nächsten Me-sozykluses durchgeführt wird. Da der Trainierende bereits langjährige Erfahrung im Kraftsport Bereich aufweist, wurde die Steigerung auf nur 5% angesetzt, da große Sprünge in der Kraftverbesserung, wie bei Trainingsanfängern, nicht mehr möglich sind. Auch eine langfristigere Motivation wird durch das Überschreiten der angedachten Ziele, im Gegensatz zum Nichterreichen, ermöglicht.

Ebenfalls beim Körperfett besteht noch lange keine gesundheitliche Notwendigkeit dieses zu reduzieren. Lediglich der Anspruch des Kunden dieses aus optischen Gründen zu re-duzieren, gilt hier als Anreiz dieses Ziel festzulegen. Aus gesundheitlicher Sicht liegt der Trainierende allerdings noch absolut im Normwert.

Auch eine Notwendigkeit zur Verringerung des BMI oder Erhöhung des Ruhepulses be-steht nicht, obwohl der BMI knapp an der Obergrenze des Richtwertes liegt und der Ru-hepuls weit unter dem Normwert. Dies kann jedoch durch das vielfältige Training des Kunden erklärt werden.

Der BMI wird auf Grund der Tatsache, dass der Sportler schon seit vielen Jahren Kraft-sport betreibt etwas erhöht sein, da er eine höhere Muskelmasse als gewöhnlich aufweist, dadurch steigt das Gewicht unproportional zu seiner Größe an, dies ist jedoch nicht ge-sundheitsschädigend. Auch der Körperfettanteil von 12,3% bestätigt dies.

Ebenfalls der Ruhepuls ist durch eine trainingsinduzierte Anpassung zu erklären. Durch den vielen Sport, gerade im Ausdauerbereich, steigt das Schlagvolumen des Herzes und es ist somit seltener eine Kontraktion notwendig. Also arbeitet das Herz ökonomischer.

3   Trainingsplanung Makrozyklus

Tabelle 4: Makrozyklus

	Mesozyklus 1	Mesozyklus 2	Mesozyklus 3	Mesozyklus 4
Dauer	6 Wochen	6 Wochen	6 Wochen	6 Wochen
Trainingsziel	Kraftausdauer	Hypertrophie extensiv	Hypertrophie intensiv	Maximalkraft extensiv
Organisationsform	3er Split/Station	3er Split/Station	3er Split/Station	3er Split/Station
Häufigkeit/Woche	6	6	6	6
Übungen/Muskel	1-3	1-3	1-3	1-3
Sätze/Übung	3	3	3	3
Intensität	80%-100% ILB (15RM)	80%-100% ILB (12RM)	80%-100% ILB (8RM)	80%-100% ILB (5RM)
Wiederholungen	15	12	8	5
Satzpausen	60 Sekunden	90 Sekunden	90 Sekunden	120 Sekunden
Bewegungstempo	Schnell	Mäßig bis schnell	Mäßig bis langsam	Langsam

Beim Makrozyklus für den Sportler wurde die ILB Methode mit einer Blockperiodisierung gewählt.

Da der Fokus des Trainierenden auf dem Muskelaufbau liegt und Körperfettreduktion, sowie Kraftsteigerung eher sekundär sind (vgl. Tabelle 1: Allgemeine und biometrische Daten), liegt auch bei dem Makrozyklus der Schwerpunkt auf der Hypertrophie (Mesozyklus 2 und 3). Trotzdem wird mit einem Mesozyklus im Bereich der Kraftausdauer gestartet, da der Kunde vor Beginn des Makrozyklus größtenteils ein eher Hypertrophie und Maximalkraft orientiertes Training durchgeführt hat und durch den Start mit einem Kraftausdauer Training das Prinzip der variierenden Belastung gesichert wird, sowie eine Trainingsmonotonie vermieden wird. Der letzte Mesozyklus besteht aus einem Maximalkraft Block. Somit wird die Intensität linear und progressiv gesteigert, während die Wiederholungszahl sukzessive abnimmt. Ziel ist es dadurch eine maximale Steigerung der Kraftleistung zu erreichen.

Aufgrund der hohen zeitlichen Flexibilität und der bereits existierenden Erfahrung, kann der Kunde ruhig einen Trainingsplan mit einem 3er Split durchführen. Dazu werden allerdings sechs Einheiten pro Woche benötigt, sodass jede Muskelgruppe zweimal pro Woche trainiert werden kann und somit ein optimales Ergebnis der Hypertrophie erreicht wird (Schoenfeld, 2016). Durch den höheren zeitlichen Verfügungsrahmen können dann auch mehr Übungen pro Muskel durchgeführt werden, also zwei bis drei Übungen pro Muskel mit jeweils drei Sätzen pro Übung.

In dem Makrozyklus wurde durchgehend die Variante des Stationstrainings gewählt, da der Trainierende keine großartige zeitliche Beschränkung für das Training vorweist und somit eine maximale Muskelermüdung, durch die direkt aufeinanderfolgenden Sätze, erreicht werden kann.

Auch die Satzpausen können dadurch optimal eingehalten werden. Diese steigen mit niedrigerer Wiederholungszahl und damit steigender Intensität sukzessive von Block zu Block an. Damit wird erreicht, dass der Sportler auch bei Sätzen mit viel Gewicht und niedriger Wiederholungszahl genug Regeneration bekommt.

Da der Sportler bereits im Leistungssport Bereich trainiert und viel Erfahrung aufweist, kann mit einer Intensität von 80%-100% ILB, entsprechend der vorgegebenen Wiederholungszahl im jeweiligen Mesozyklus, trainiert werden.

Da es noch keine eindeutigen Studien zu dem optimalen Bewegungstempo der Übungen gibt, durchläuft der Trainierende hier eine Variation von schnellen bis hin zu langsamen Ausführungen. Wichtig ist dabei aber vor allem, dass immer die komplette Bewegungsamplitude ausgenutzt wird.

4 Trainingsplanung Mesozyklus

Tabelle 5: Mesozyklus - Push

Mesozyklus 3 (Split 1 - Push)				Trainingsintensität (70-90% 8RM)					
Übungen	Wdh.	ILB-Test	Sätze	Wo-che 1 80%	Wo-che 2 80%	Wo-che 3 90%	Wo-che 4 90%	Wo-che 5 100%	Wo-che 6 100%
Bankdrücken Langhantel	8	90	3	72,5	72,5	80	80	90	90
Schrägbankdrücken Kurzhantel	8	30	3	24	24	27	27	30	30
Crossover	8	35	3	27,5	27,5	30	30	35	35
Schulterdrücken Kurzhantel, sitzend	8	28	3	22	22	25	25	28	28
Seitheben am Kabelzug	8	20	3	15	15	17,5	17,5	20	20
Frontheben am Kabelzug	8	15	3	12,5	12,5	12,5	12,5	15	15
Kurzhantelkickbacks	8	16	3	12	12	14	14	16	16
Trizepsdrücken am Kabelzug	8	60	3	50	50	55	55	60	60

Tabelle 6: Mesozyklus - Pull/Bauch

Mesozyklus 3 (Split 2 – Pull/Bauch)				Trainingsintensität (70-90% 8RM)					
Übungen	Wdh.	ILB-Test	Sätze	Woche 1 80%	Woche 2 80%	Woche 3 90%	Woche 4 90%	Woche 5 100%	Woche 6 100%
Klimmzug mit Zusatzgewicht	8	79 + 20	3	16	16	18	18	20	20
Latzug zur Brust	8	80	3	65	65	70	70	80	80
Kurzhantel-Rudern	8	34	3	27	27	30	30	34	34
Kurzhantel-Seitheben vorgebeugt	8	12	3	9	9	10	10	12	12
Scottcurls	8	37,5	3	30	30	32,5	32,5	37,5	37,5
Kurzhantel-Suspinationscurls	8	16	3	13	13	14	14	16	16
Rumpfflexionsmaschine (sitzend)	8	45	3	35	35	40	40	45	45
Lateralflexionsmaschine	8	30	3	25	25	27,5	27,5	30	30

Tabelle 7: Mesozyklus - Beine

Mesozyklus 3 (Split 3 - Beine)				Trainingsintensität (70-90% 8RM)					
Übungen	Wdh.	ILB-Test	Sätze	Wo-che 1 80%	Wo-che 2 80%	Wo-che 3 90%	Wo-che 4 90%	Wo-che 5 100%	Wo-che 6 100%
Langhantel-Kniebeuge	8	110	3	90	90	100	100	110	110
Kreuzheben mit gestreckten Beinen	8	100	3	80	80	90	90	100	100
Kurzhantel-Ausfallschritt	8	30	3	24	24	27	27	30	30
Beinpresse liegend	8	220	3	175	175	200	200	220	220
Hüftabduktionsmaschine	8	60	3	50	50	55	55	60	60
Hüftadduktionsmaschine	8	50	3	40	40	45	45	50	50
Wadenmaschine sitzend	8	110	3	90	90	100	100	110	110

Exemplarisch wird hier der Mesozyklus 3 (vgl. Tabelle 4: Makrozyklus) detailliert dargestellt. Wie schon im Makrozyklus zu sehen, handelt es sich hier um einen 3er Split.

Es handelt es sich bei vielen Übungen um mehrgelenkige Übungen, da somit der Bezug zu alltäglichen Bewegungen deutlich höher ist und es zu einer Verbesserung der intermuskulären Koordination kommt. Auch hier spielt die Erfahrung eine entscheidende Rolle, denn in der Regel können nur erfahrene Kraftsportler diese mehrgelenkigen Übungen so ausführen, dass Fehler vermieden werden und die Kompensation durch synergistische Muskeln möglichst geringgehalten wird. Gerade zum Ende des Trainingstages gehen die Übungen dann eher in eingelenkige Übungen über, da dort der Sportler bereits erschöpft ist und die Anfälligkeit für Ausführungsfehler steigen könnte. Auch wird es so ermöglicht bestimmte Muskelgruppen noch einmal isoliert zu trainieren.

Dies geht zum Großteil Hand-in-Hand mit der Wahl von vielen Freihantel- und Seilzugübungen gegenüber Übungen an geführten Maschinen. Auch bei den Freihantelübungen ist das Fehlerpotenzial bei mangelnder Erfahrung deutlich höher (Zachary Y. Kerr, 2010), jedoch wird auch hier die intermuskuläre Koordination mehr gefordert und es besteht ein höherer Transfer zu Alltagsbewegungen. Die meist feiner mögliche Abstufung der Gewichte zeigt sich ebenfalls als Vorteil. Da jedoch kaum eine Beeinflussung des äußeren Drehmoments bei Training mit freien Gewichten ermöglicht wird, setzt der Trainingsplan zusätzlich auf Übungen mit Seilzügen (Haff, 2000).

Denn auch beim Training mit Seilzügen ist es möglich komplexe Bewegungen durchzuführen und zusätzlich kann das äußere Drehmoment stark durch die Höhenverstellbarkeit der Rollen oder der Ausgangsstellung des Trainierenden zum Seilzug beeinflusst werden. Allerdings ist hier der Transfer auf alltagsnahe Bewegungen nicht so hoch, wie beim Training mit Freihanteln.

Eher selten finden sich geführte Übungen an Geräten in diesem Trainingsplan wieder. Diese werden eher zum Ende der Einheit genutzt, um bestimmte Muskeln noch einmal isoliert trainieren zu können und das Verletzungsrisiko, durch die erhöhte Erschöpfung und dem damit einhergehend erhöhtem Potenzial der fehlerhaften Ausführung, zu verringern (Haff, 2000).

Da es das Ziel des Sportlers ist generell Muskeln aufzubauen und die generelle Kraft zu steigern, wird der Fokus in dem ganzen Trainingsplan nicht auf bestimmte Muskelgruppen gesetzt, sondern eine gleichmäßige Verteilung der Übungen für alle Muskelgruppen angestrebt.

Jeder Trainingstag beginnt mit einer kurzen generellen Aufwärmphase des Trainierenden und einer kurzen spezifischen Aufwärmphase. Dort werden also nochmal genau die Muskeln aufgewärmt, die an dem Tag angesprochen werden.

Bei dem ersten Split handelt es sich um einen „Push-Split". Der Fokus liegt hierbei also vor Allem auf dem M. pectoralis major, dem M. triceps brachii, dem M. deltoideus pars clavicularis und acromialis, dem M. trapezius pars descendens, dem M. levator scapulae, sowie dem M. supraspinatus.

Zu Beginn werden drei Sätze des Langhantel-Bankdrückens durchgeführt. Dabei sollen vor allem der M. pectoralis major und M. triceps brachii gefordert werden. Der M. deltoideus pars clavicularis arbeitet hier eher sekundär als Synergist (Petr Stastny, 2017). Diese Übung wird direkt als erstes durchgeführt, um zu gewährleisten, dass der Trainierende sich von den großen Muskelgruppen weiter zu den eher kleineren Muskelgruppen bewegt. Außerdem gilt das Bankdrücken, durch das frei bewegbare Gewicht und die komplexe Ausführung, als eine technisch schwierigere Übung und sollte deswegen ausgeführt werden, wenn der Sportler noch volle Kraftreserven besitzt (Victor Bengtsson, 2018).

Auch beim Kurzhantel-Schrägbankdrücken liegt der Fokus weiterhin auf dem großen Muskel, dem M. pectoralis major. Allerdings rückt dabei auch der M. deltoideus pars clavicularis etwas mehr in den Fokus. Auch diese Übung sollte durch die Komplexität eher am Anfang der Trainingseinheit durchgeführt werden.

Da die Brustmuskulatur nach den beiden Übungen bereits etwas erschöpft sein wird, folgt daraufhin eine letzte Übung am Seilzug mit dem Fokus auf dem M. pectoralis major. Durch das Crossover am Seilzug wird das Verletzungsrisiko, das durch die steigende Erschöpfung des Sportlers angestiegen ist, verringert, da die Übungsausführung weitaus weniger Komplex ist als die der vorausgegangen Übungen.

Nachdem bereits drei Übungen mit dem Fokus auf der Brustmuskulatur durchgeführt wurden, geht der Fokus nun über auf die Schultermuskulatur. Auch hier beginnt der Sportler wieder mit einer komplexen Übung mit freien Gewichten, dem Kurzhantel-Schulterdrücken, da die Schultermuskulatur noch nicht stark erschöpft ist. Während der M. deltoideus pars clavicularis und pars acromialis bei den bisherigen Übungen eher sekundär als Synergist mitwirkten, spielen sie hier nun aktiv als Agonist eine entscheidende Rolle.

Danach geht der Trainierende wieder über zu Übungen am Seilzug. Zuerst wird hier das Seitheben durchgeführt. Auch hier gilt, durch die ansteigende Erschöpfung der Schultermuskulatur, wird das Verletzungsrisiko möglichst geringgehalten, durch die Übung am Seilzug im Vergleich zu Freihantelübungen (Zachary Y. Kerr, 2010). Dadurch dass der Sportler sowohl das Seitheben als auch das Frontheben am Kabelzug durchführt, wird gesichert, dass die komplette Schultermuskulatur noch einmal gefordert wird. Beim Seitheben steht dabei vor allem der M. deltoideus pars acromialis im Fokus, während beim Frontheben besonders der M. deltoideus pars clavicularis gefordert wird. Dadurch dass beide dieser Muskeln bereits beim Schulterdrücken gefordert wurden, haben wir nun beide Muskeln in zwei verschiedenen Übungen angesprochen und erreichen somit einen optimalen Trainingseffekt. Auf die hintere Schultermuskulatur wird weiter während des „Pull-Splits" eingegangen.

Der letzte noch verbleibende Muskel ist der M. triceps brachii. Dieser wird nun auch durch zwei Isolationsübungen noch einmal gesondert trainiert, da dieser auch bei vorherigen Übungen oft nur eine synergistische Funktion besaß. Gestartet wird wieder mit einer Freihantel Übung und danach geht es, einhergehend mit mangelnder Erschöpfung des M. triceps brachii, mit einer Seilzug Übung weiter. Generell wird zum Ende des Trainingsplanes auf Isolationsübungen gesetzt, da die allgemeine Erschöpfung des Athleten weiter zunimmt und somit das Verletzungsrisiko bei mehrgelenkigen Übungen zu hoch wäre.

Auch am nächsten Trainingstag dem „Pull-Split" wird das grundlegend gleiche Konzept angewandt. Hier startet der Sportler ebenfalls mit mehrgelenkigen Übungen, bei denen vor allem die großen Muskelgruppen im Fokus steht und geht dann über in eingelenkige

Isolationsübungen, um die kleinen Muskeln noch einmal gezielt zu trainieren. Auch hier sollte jeder Muskel mindestens für zwei Übungen getroffen werden.

Gestartet wird hier also mit dem M. latissimus dorsi, der durch die Klimmzüge im breiten Griff und das Latziehen zur Brust besonders gefordert wird. Auch andere Muskeln wirken hier bereits synergistisch mit, jedoch werden diese später im Verlauf des Trainingstages noch einmal gesondert trainiert, sodass auch hier wieder jeder Muskel bei zwei Übungen im Fokus steht. Beim Klimmzug startet hier der Trainierende diesmal mit einer Übung mit dem eigenen Körpergewicht, jedoch wird durch das Zusatzgewicht gesichert, dass er sich in einem Gewichtsbereich befindet, in dem die Muskulatur genug gefordert wird. In diesem Fall sind das je nach Trainingswoche 80-100% des individuellen 8RM (vgl. Tabelle 4: Makrozyklus).

Danach geht es weiter mit einer ähnlichen Übung, allerdings am Kabelzug, dem Latziehen zur Brust. Die Übungsausführung, sowie die beanspruchte Muskulatur sind hier sehr ähnlich, jedoch wird durch das Training am Seilzug erneut gesichert, dass der Athlet Fehler vermeidet, durch die erhöhte Ermüdung der angesprochenen Muskulatur.

Während man sagen kann, dass der Fokus beim Kurzhantel-Rudern auf dem kompletten Rücken liegt, stechen hier trotzdem der M. deltoideus pars spinata und M. trapezius pars transversa heraus. Bei dem vorgebeugten Kurzhantel-Seitheben ist dies in jedem Fall die hauptsächlich beanspruchte Muskulatur. Hier wird der Sportler, trotz ansteigender Ermüdung der Muskulatur, durch zwei Übungen mit Freihanteln geführt. Jedoch handelt es sich nur bei der ersten Übung um eine mehrgelenkige Übung und das Gewicht bei der zweiten Übung ist verhältnismäßig gering, sodass dadurch ebenfalls das Verletzungsrisiko minimiert wird. Allerdings spielt hier auch die Erfahrung des Trainierenden eine entscheidende Rolle.

Nachdem die Rückenmuskulatur gut gefordert wurde, geht es weiter mit den kleineren Muskelgruppen. Zuerst werden hier der M. biceps brachii, M. brachialis und M. brachioradialis angesprochen. Dies gelingt durch zwei unterschiedliche Isolationsübungen mit Freihanteln. Auch hier sollte dadurch, dass dies eingelenkige Isolationsübungen sind und aufgrund der vorhandenen Erfahrung, kein großes Verletzungsrisiko bestehen, obwohl es sich um Freihantelübungen handelt. Die Scottcurls wurden hier gewählt um eine höhere Spannung im Muskel, durch den verlängerten Lastarm und das damit einhergehend erhöhte äußere Drehmoment zu erzeugen.

Zum Trainieren der Bauchmuskulatur werden hier erstmals Übungen an geführten Geräten gewählt. Dies liegt zum einen an der bereits hohen Erschöpfung des Sportlers und zum anderen an der besseren Messbarkeit der Intensität, durch die Gewichtsabstimmungen von Geräten, im Gegensatz zu Körpergewichtsübungen.

Bei beiden Übungen werden M. rectus abdominis, M. obliquus externus abdominis, M. obliquus internus abdominis, M. transversus abdominis, sowie M. iliopsoas trainiert. Allerdings liegt der Fokus bei der ersten Übung, der Rumpfflexionsmaschine, eher auf der geraden Bauchmuskulatur, also dem M. rectus abdominis, während die schräge Bauchmuskulatur, also M. obliquus externus abdominis und M. obliquus internus abdominis, mehr bei der zweiten Übung, der Lateralflexionsmaschine, gefordert werden. Trotzdem ist in beiden Übungen die gesamte Bauchmuskulatur am Arbeiten und wird somit durch zwei verschiedene Übungen optimal trainiert.

Beim letzten Split wird die Beinmuskulatur behandelt. Hier startet der Sportler wieder einmal mit sehr komplexen mehrgelenkigen Freihantelübungen.

Den Start bietet hier eine Übung, die von der Technik her sehr anspruchsvoll ist, die Langhantel-Kniebeuge. Diese sollte möglichst zum Start des Trainings durchgeführt werden, da diese ein hohes Fehlerpotenzial bildet und mit möglichst hohen Kraftreserven durchgeführt werden sollte (Victor Bengtsson, 2018). Auch Trainingsanfänger sollten diese Übung erst einmal vermeiden. Durch diese Übungen beginnen wir den Trainingstag, indem wir große Teile der Oberschenkel- und Gesäßmuskulatur (M. quadriceps femoris, M. gluteus maximus, M. biceps femoris caput longum, M. semimembranosus, M. semitendinosus), sowie Teile der Rückenmuskulatur trainieren. Wichtig ist hier, dass dabei die Mm. erector spinae getroffen werden, die noch nicht beim vorherigen „Pull-Split" angesprochen wurden. Ansonsten wäre die noch vorherrschende Ermüdung der Muskulatur kontraproduktiv und könnte zu Verletzungen führen.

Anschließend geht es mit einer weiteren sehr komplexen Übung, dem Kreuzheben mit gestreckten Beinen, weiter. Auch hier werden weiterhin die Gesäßmuskulatur und die autochthone Rückenmuskulatur gefordert, bei den Beinen liegt hier nun aber der Schwerpunkt eher auf der Rückseite des Oberschenkels, also dem M. biceps femoris, caput longum, während beim konventionellen Kreuzheben eine höhere Spannung im M. rectus femoris entsteht (Lee, et al., 2018).

Die letzte Übung mit freien Gewichten ist hierbei der Ausfallschritt mit Kurzhanteln. Auch diese Übungsausführung ist noch komplex, jedoch ist das zu tragende Gewicht deutlich geringer als bei vorhergehenden Übungen, wodurch das Verletzungsrisiko wieder minimiert wird. Auch hier werden noch einmal Großteile der Oberschenkel- und Gesäßmuskulatur gefordert.

Da der Sportler nun wieder sehr erschöpft sein wird, geht es weiter mit einer Übung am geführten Gerät, diese ist jedoch weiterhin mehrgelenkig. M. quadriceps femoris, M. gluteus maximus und M. biceps femoris caput longum sind hier die entscheidenden Muskeln.

Anschließend durchläuft der Athlet eingelenkige Isolationsübungen, um Abduktoren und Adduktoren noch einmal isoliert und ohne großes Verletzungsrisiko, durch die bereits hohe Erschöpfung zu trainieren. Dabei sind nun M. pectineus, M. adductor longus, M. gracilis, M. adductor brevis und M. adductor magnus bei der Adduktion und M. gluteus maximus, M. gluteus medius, M. gluteus minimus, sowie M. tensor fascie latae bei der Abdkution die tragenden Muskeln. Da die meisten dieser Muskeln in den vorangegangenen Übungen noch nicht trainiert wurden, ist es wichtig, dass diese durch Isolationsübungen noch einmal gefordert werden. Dies erfolgt durch die Hüftabduktions- und die Hüftadduktionsmaschine.

Da die Wadenmuskulatur noch gar nicht aktiv gefordert wurde, erfolgt als letztes eine Übung an der Wadenmaschine. Dadurch werden M. gastrocnemius und M. soleus gefordert.

5 Literaturrecherche – Effekte des Krafttrainings bei Rückenbeschwerden

Tabelle 8: Literaturrecherche - Effekte des Krafttrainings bei Rückenbeschwerden

	The effects of a free-weight-based resistance training intervention on pain, squat biomechanics and MRI-defined lumbar fat infiltration and functional cross-sectional area in those with chronic low back (Neil Welch, 2015)	Effects of functional resistance training on fitness and quality of life in females with chronic nonspecific low-back pain (Juan M Cortell-Tormo, 2018)
Studie durchgeführt von		
Veröffentlichung	09.11.2015	06.02.2018
Forschungsfrage	Kann Krafttraining, basierend auf freien Gewichten, einen Einfluss auf Schmerz und Fettinfiltrationen in der Lendenwirbelsäule bei Menschen mit chronischen Schmerzen im unteren Rücken haben?	Kann ein 12-wöchiges funktionelles Widerstandstraining die gesundheitsbezogene Lebensqualität, Behinderung, Kopfschmerzen und körperliche Fitness bei Frauen mit chronischen Schmerzen im unteren Rücken verbessern?
Versuchspersonen	Alle Versuchspersonen haben eine klinische Historie mit Beschwerden im unteren Rücken, alle wurden von einem Sportarzt untersucht, sowie einem MRT unterzogen. Die Symptome waren für mindestens drei Monate präsent. Dabei ausgeschlossen wurden Personen mit vorangegangenen Wirbelsäulenoperationen, Tumoren, Nervenwurzeleinklemmungen mit neurologischem Defizit, Wirbelsäuleninfektionen, entzündliche	Es wurden insgesamt neunzehn Frauen mit chronischen Schmerzen im unteren Rücken für den Versuch befragt. Das Kriterium für Rückenschmerzen wurde dabei von der „Paris Task Force" gestellt.

	Erkrankungen der Wirbelsäule und andere Erkrankungen, die eine aktive Rehabilitation verhindern. Es gab insgesamt 30 Versuchspersonen, wovon 11 Frauen und 19 Männer waren. Während des Versuches gab es vier Personen, die den Versuch abgebrochen haben.	
Versuchsaufbau	Die Teilnehmer haben ein 16-wöchiges, auf freien Gewichten basierendes, Krafttraining durchgeführt, mit jeweils drei Einheiten pro Woche. Am Anfang, sowie alle vier Wochen während der Studie füllten die Versuchspersonen einen „Visual Analogue Pain Scale", einen „Oswestry Disability Index" und einen „Euro-Qol V2" aus. Diese dienen zur Messung der Lebensqualität. Zur biomechanischen Analyse der Kniebeuge mit dem eigenen Körpergewicht wurden dreidimensionale kinematische und kinetische Messung benutzt. Die Maximalkraft wurde mit einem isometrischen Zug aus der Mitte des Oberschenkels gemessen, und die lumbale paraspinale Ausdauer wurde mit einem Biering-Sorensen-Test gemessen. Mit Hilfe des MRTs konnte auch die lumbale paraspinale Fettinfiltration vor und nach dem Versuch gemessen werden.	Die Teilnehmer wurden zufällig in eine Kontrollgruppe und in eine Trainingsgruppe eingeteilt. Die Trainingsgruppe trainierte zwei Mal pro Woche für insgesamt 12 Wochen. Die Testpersonen wurden am Versuchsanfang und am Ende, nach den 12 Wochen getestet. Der Körperschmerz wurde mit der visuellen Analogskala (VAS), die Behinderung mit dem Oswestry Disability Index (ODI) und die HRQOL mit dem Short Form 36 Fragebogen beurteilt. Die körperliche Fitness wurde anhand des Flamingo-Test, Rückenausdauertest, Seitenbrückentest, abdominalen Curl-up-Tests und der 60-s-Kniebeuge gemessen.
Ergebnisse/Schlussfolgerungen	Schmerz, Behinderung, sowie die Lebensqualität	Funktionelles Widerstandstraining verringerte

	konnten stark verbessert werden. Es gab eine signifikante Reduktion der Fettinfiltration zwischen den dritten und vierten Lendenwirbeln, sowie zwischen den vierten und fünften Lendenwirbeln. Auch die lumbale Extensionszeit bis zur Erschöpfung stieg um 18% an. Also kann ein Krafttraining, basierend auf freien Gewichten, erfolgreich genutzt werden, um Schmerz, Behinderung und Lebensqualität bei Menschen mit Beschwerden im unteren Rücken, zu verbessern.	Schmerzen und Behinderungen. Gleichzeitig konnte die Lebensqualität, sowie das Gleichgewicht und die körperliche Fitness bei Frauen mit chronischen Rückenschmerzen verbessert werden. Daher kann ein funktionelles Krafttraining sicher zur Behandlung genutzt werden.

6   Literaturverzeichnis

Haff, G. G. (Dezember 2000). Roundtable Discussion: Machine Versus Free Weights. *Strength & Conditioning Journal*, S. 18-30.

Juan M Cortell-Tormo, P. T.-M.-M.-L.-B.-S. (06. Februar 2018). Effects of functional resistance training on fitness and quality of life in females with chronic nonspecific low-back pain. *Journal of Back and Musculoskeletal Rehabilitation*, S. 95-105.

Lee, S., Schultz, J., Timgren, J., Staelgraeve, K., Miller, M., & Liu, Y. (11. August 2018). An electromyographic and kinetic comparison of conventional and Romanian deadlifts. *Journal of Exercise Science & Fitness*, S. 87-93.

Neil Welch, K. M.-t.-M. (09. November 2015). The effects of a free-weight-based resistance training intervention on pain, squat biomechanics and MRI-defined lumbar fat infiltration and functional cross-sectional area in those with chronic low back. *BMJ Open Sport & Exercise Medicine*.

Petr Stastny, A. G. (7. Februar 2017). A systematic review of surface electromyography analyses of the bench press movement task. *PLoS ONE*.

Schoenfeld, B. O. (21. April 2016). Effects of Resistance Training Frequency on Measures of Muscle Hypertrophy: A Systematic Review and Meta-Analysis. *Sports Med*, S. 46.

Victor Bengtsson, L. B. (17. Juli 2018). Narrative review of injuries in powerlifting with special reference to their association to the squat, bench press and deadlift. *BMJ Open Sport & Exercise Medicine*.

Zachary Y. Kerr, C. L. (05. Februar 2010). Epidemiology of Weight Training-Related Injuries Presenting to United States Emergency Departments, 1990 to 2007. *The American Journal of Sports Medicine*, S. 765-771.

7 Abbildungs- und Tabellenverzeichnis

7.1 Abbildungsverzeichnis

7.2 Tabellenverzeichnis